국보현대시선 ⑭

이정애 시집

# 금정산의 다향(茶香)

도서출판 국보

# 금정산의 다향(茶香)

초판 인쇄 2010년 09월 18일
초판 발행 2010년 09월 25일

지은이 이정애
펴낸이 임수홍
편집디자인 맹신형
발행처 : 도서출판 국보
주소 : 서울시 강동구 길동 395-3 2층
전화 : (02) 476-2757~8, 7260
FAX : (02) 476-2759
카페 : http://cafe.daum.net/lsh19577
E-mail : kbmh11@hanmail.net

값 10,000원



ISBN 978-89-93533-15-6 03810

이정애 시집

# 금정산의 다향(茶香)

‖ 시집을 내면서 ‖

이 기쁨을 먼저 전능하신 하느님께 올려 드립니다.

세월은 바야흐로 유수처럼 흘러 아직은 늦은 여름이지만 아침 저녁 선선함은 결실의 계절인 가을을 느끼게 하네.

국화 향기 가득한 만추의 계절에 나의 쉼터 추억의 茶香에서 풍겨내는 국화꽃 향기가 내 코끝을 감돌면서 날마다 분주하게 살아가는 현대인에게 인생을 살아가는 의미를 생각할 수 있는 따뜻한 茶 한잔의 여유를 가지면서 삶의 무미건조함과 회색빛 갈증 속에서 잠시나마 생활의 즐거운 사색을 찾게 해주는 나의 茶 생활의 행복감을 느낍니다.

긴 삶의 여정(旅程) 속에서 사랑과 고뇌 인고의 세월의 아픔과 애환이 주마등처럼 스쳐가는 것은 못내 아쉬운 청춘을 그리워함은 분명하다.

첫 시집 금정산의 다향(茶香) 이란 제목으로 출간된 나의 작품 85편이 이곳에다 간추려 보았다.

존경하는 金世淵 국회의원님, 존경하는 김용술박사님
존경하는 담원 김창배 화백님 또한 부산여대 교수님
부산여대 차문화 치료사과정 임인숙 총무님
그리고 사랑하는 나의 딸 송유진

도서출판 국보문학 임수홍 회장님
서울시인대학 최병준 학장님

그 외 저에게 격려와 사랑을 주신 모든 단체의 지인님들께도 머리 숙여 고마움과 감사함을 전하고 싶습니다.

금정산 아래 추억의 다향(茶香)에서
이정애

# 1 사랑은 메아리 되어

15 ······ 내 그림자
17 ······ 찻잔에 피어난 천년향
18 ······ 차 한잔
19 ······ 여유
20 ······ 사랑은 메아리 되어
22 ······ 더위
23 ······ 여름
25 ······ 생각의 파노라마
26 ······ 맨몸
27 ······ 방콕
28 ······ 여름 비
29 ······ 시간의 여유

# 2 금정산의 다향


31 하늘을 보면서
33 금정산의 다향 (茶香)
34 여름아
35 입추
37 무궁화의 숭고함
38 피서
39 바닷가
40 하나가
41 하늘
42 행복한 순간
44 바다
45 열대야
46 이렇게 많이

# 3 가야금의 아름다움

48 고생
49 시간을 보낸다
51 가야금의 아름다움
52 맨살
53 미소
54 대금의 향연
56 친구
57 붉은하늘
58 65주년 광복절
60 잠자리
62 꽃을 부른다
64 기다리는 마음

# 4 茶의 미학

67 ······ 당신을 기다리며
68 ······ 茶의 미학
70 ······ 꽃의 신음
71 ······ 그리움
72 ······ 나의 하느님 1
74 ······ 병상에서
75 ······ 4월의 꽃
77 ······ 無題
78 ······ 여름 꽃
79 ······ 너무 덥다
81 ······ 나의 어머니
82 ······ 벌써 마음은

# 5 나의 하느님 2


84 가을

85 부채

87 나의 하느님 2

88 겨울

89 여인

91 장애극복가정 및 모범자녀 장학금 전달식 날

92 미련

93 세상살이

94 수박

95 걸음

97 차 문화 치료사와 봉사의 삶

98 고향

# 6 지리산 오죽헌

100 라면
101 서울 시인대학 가는 날
102 편지
104 일기
107 낭만
108 나 자신
109 코스모스
111 대한민국
112 추석
115 지리산 오죽헌
116 손가락
117 얼마나 기다려야 합니까

# 7 우리가족

120 …… 우리가족
122 …… 샘
123 …… 소풍
124 …… 말세란다
126 …… 봄이오면
128 …… 행복이란
130 …… 가족
132 …… 겨울 맛
134 …… 감성
136 …… 아침해 처럼
138 …… 푸른숲속
140 …… 정을 주었죠

이정애 시집

# 금정산의 다향(茶香)

‖ 축사 ‖


141 ........ 국회의원 金世淵

142 ........ 체육학 박사 김용술

143 ........ 담원 김창배 화백

144 ........ 총무 임인숙

145 ........ 딸 송유진

146 ........ 작품해설 / 임수홍

# 1 사랑은 메아리 되어

# 내 그림자

작은 찻잔 속에 내가 떠오른다
차를 휘저어 나를 보낸다
거품이 솟아 나를 감추고 있다
어서 빨리 입안에 안식을 찾으란다
내가 없는 평안함에
내 그림자만 흔적을 남기게 한다
흐리게 묻어나는 나의 이력서이다.

▲ 지리산 오죽헌에서

# 찻잔에 피어난 천년향

고차수(古茶樹) 아기 찻잎에
가랑비로 입맞춤 하던 날

한땀 한땀
고이 접어 잠 재우니

새벽으로 빚어낸 영혼이
자줏빛 붕어배래 타고 올라온다

가늘게 드리워진 란(蘭)카락에
목마름으로 일어난 금빛붕어

오십이년 손길로 만들어 낸 그리움
빨간 입술에서 천년향으로 피어난다.

# 차 한잔

자그마한 잔속에
하늘을 담고 있다
구름이 뛰놀며 자리를 잡는다

그 잔속에 이야기를 휘저어
내 마음으로 적시게 하고 있다

따뜻한 차 한잔 이기에
마음까지 따뜻하다.

# 여유

차 한잔의 여유로
시간을 잡아 나를 보게 한다

차 두잔의 여유로
시간을 잊어 버린다

차 세잔의 여유로
기억을 지우고 있다
딱 한잔이 좋은데.

# 사랑은 메아리 되어

사람아
사랑아
100년을 노래하자

연분홍 비단 입고
도시를 거닐어 보자

빌딩 숲에서
메아리를 불러보자

무지개 만들어서
나비 되어 벌이 되어
사랑을 나누자.

▲ 40대 초반에 남편과 설악산 대명콘도 앞에서...

# 더위

무척이나 하늘 보여 주기를 싫어 한다
하얀 구름 밑에 뜨거운 열기가 퍼지어
땀을 만들고 있다

잠시 간의 움직임에
옷이 자고 있다

벌써 맨몸으로 하루를 살란다.

# 여름

벌써 8월을 만들어
더위를 키운다
7월의 성숙함이
8월의 무더위로
이름값을 하고 있다

새벽만 바랐는데
온통 물들여져 구분이 없이
구름만 가리우기를
비만 오기를
벌써 여러번 하늘을 본다

아직 기다려지는 가을이름은
어쩐지 어색하게 땀속에 흘러 내려간다.

▲ 국보문학 임수홍 회장님과 서울시인대 최병준학장님과 김용복 작가회장님
안종환 낭송회장님과 제주도 고훈식 한국문학신문 본부장님과 서성택 상임부회장님

# 생각의 파노라마

피지 않는 꽃에서
향기를 느끼고
맺히지 않는
열매를 맛을 본다

울지 않아도
슬픔을 느끼고
웃지 않아도
기쁨이 용솟음친다

말하지 않아도
마음을 알고
만나지 못한
그 사람의 온화함을 느낀다

연주하지 않는 피아노에서
베토벤 소나타가 흘러나오고
끝나지 않는 게임에서
승리의 함성이 들린다.

# 맨몸

누구 보아 주어도 든든하다
작은 가슴이 아니기에 훌훌 벗는다
시골의 우물가에 등멱을 기다린다
머리속이 시원하게 물길을 받았는데
이제 작은 구멍 사이에 머리를 모아
얌전히 기다린다
혼자 내리기만 기다린다
물길 마음이다.

# 방콕

몸 속으로 더위를 느끼며
몸 밖에 품어지는 열기가 가슴을 데우고 있다

멀리 피서나간 입들이 전해 주는 이야기는
머니머니 해도 집이 최고란다

돈 안들이고 먹을 것 다 먹고
볼꺼 다보고 시원하게
나 홀로의 시간.
작은 비키니에 신경 안 써도 더 많은 볼거리가 있다

나 갔다 왔다... 방콕으로 ...

# 여름 비

어느새 몸이 골짜기가 된다
말랐던 길이 호흡을 시작한다
빈 손으로 길을 막아 땀을 닦는다
손바닥이 물밭으로 물이 흐른다
한 여름 입추을 앞두고 전쟁이다.

# 시간의 여유

어느새 시간에 쫓겨
차 한잔 못 마시고 하루를 보낸다
벌써 식어 가고 있는데
내 마음마저 식어가고 있다
시간도 정지되고 있다.

# 2 금정산의 다향

# 하늘을 보면서

땀을 너무 흘리기에
온통 물무더기가 되어 길을 만든다

뜨거운 해를 가리는 구름을 찾는다
물길의 일번지 물통을 가지고 있다

잠간 흔들면 소나기가 되고
엎으면 홍수가 된다

전자동 조정으로 비를 만들어
오늘도 이렇게 시원한 비를 맞는다

내 몸 이렇게 젖어도
마음은 더 시원한 길을 보인다.

▲ 부산역에서 3.1 역사시민공원 및 시민문화축제에서 시 낭송

# 금정산의 茶香

산세의 아름다움을 뽐내며
호국의 산 대표적인 호국사찰 범어사와
국내 최대의 금정산성이 축성된 해발 801.5m의
주봉인 고당봉
역사를 자랑하며 제2의 금강산이라 불리우는
금정산 밑의 나의 쉼터 추억의 茶香
길손들의 세상 이야기 들려 주는 공간이었네
茶香에 젖어 옛 사람의 그림자에 취하고
길손 개개인의 추억에 젖어
하염없이 흘러간 청춘의 여운을 남긴채
도화지의 물감을 채색한 한폭의 유채꽃 같네
오늘도 변함없이 찾아 온 것은
추억을 먹고 살고 또 추억을 만들어 가네.

# 여름아

왜 이리 불러도 대답은 없이
뜨거움으로 반가워 한다
이름을 바꾸려 가을을 찾지만
태양은 움직이질 않는다

가끔 인심 쓰는 구름 밭이
여유를 보인다
몇 번이나 부르면 비를 줄는지
오늘도 뜨거움에 하늘을 피하고
그늘진 여유로 여름을 식힌다.

# 입추

여름을 빨리 쫓으려고 이름부터 쓴다
아직 태양이 큰 빛을 주어 익게 만드는데
하늘 아래 작은 곳에서는 가을을 그린다
붉게 익은 열매들을 벌써 떨어뜨리며 잔치를 한다

입에 익숙치 못한 과일들을 여름 선물이라 하며
가을 입가에 바람을 원하고 있다
너무 뜨거운 햇살이 피부를 놀라게 하여
마음속부터  가을을 외우게 하고 있다.

▲ 임혜경 부산시 교육감님과 제 65주년 광복절 부산 용두산 공원 타종식때 기념사진

# 무궁화의 숭고함

대한민국을 상징하는 아름다운 꽃이여
해마다 오월이면 피어나는 꽃술
일제를 찌르는 혀다
자태를 뽐내며 삼라만상의 축복을 내리고
온 국민의 여망을 담아
활짝 웃는 우리 대한의 꽃이여
해마다 8.15 광복절의 소중함과 일제 강점기의
아픔을 느낄 수 있고
애국심을 느끼게 내면의 살며시
다가와 속삭여 주네
빛의 꽃망울에 소리 없는
아픔은 나의 가슴에
애국심를 불어 넣어 주네.

# 피서

어느새 전국의 사람들이 피서를 마쳤다
해를 피하느라 수많은 돈을 들이고
시간과 인원을 모아 나들이 했지만
알고 보니 해를 끌고 다니고 있다
내가 해를 안고 피서를 하고 있다
피서만 돈을 벌었단다.

# 바닷가

물결을 보러 바다를 찾았지만
물결은 놀라고 있다

파도를 보러 바다를 찾았지만
파도는 거부를 하고 있다

바다를 찾아 여름을 불렀지만
바다는 입을 다물고 있다

여름을 즐기려 했지만
욕심이 여름을 미워 하고 있다.

# 하나가

이렇게 뜨거운 날은
한잔의 찬물이 하늘을 보게 한다

이렇게 뜨거운 날은
한 줄기의 비가 구름을 보게 한다

이렇게 뜨거운 날은
한 무늬의 미소가 여름을 보내고 있다.

# 하늘

어느새 뜨거운 하늘에 구름이 모여
가을 노래를 부른다
사람 모두가 뜨거움을 피하여 여름을 사는데
오늘도 사람은 하늘을 보지 않고
땅만 바라보고 산다
땅은 뜨거움만 만들고 있는데 ...

# 행복한 순간

지난 밤 몰아치던 비바람은
가히 힘든 내 마음조차
쓸어 갈듯 하지만
태양이 떠오르고
세상을 감싸 밝아오면
포근한 숲속
꿈이 살익는 바위에 앉아
나무랑 새들과 향기 뿌리고
재잘 거리며 희망을 나누다 보면
어느새 내 마음속 기쁨으로 다가와
오월의 미풍과 더불어
이 순간 살아 있음을 깨닫게 하니
더 이상의 생각일랑 스치는
바람에 실어 버리고 하늘을  바라보며
살며시 눈을 감는다.

▲ 부산요트 경기장에서 기념사진

# 바다

많은 여름의 사연을 안고 있다
서울을 떠나는 피서로 대목을 본다
때 아닌 바다의 물결이 거슬러 올라 오는
바다의 심술을 만난다
올해도 어김없이 바다 대중탕을 이용하는
피서맨 들이다
비누가 없다 …

# 열대야

잠을 이루지 못하는 여름 선물이다
올해도 어김없이 수많은 보신들이
여름 땀에 묻혀 가고 있다
목숨을 잃은 여름탕 들이 심술을 준다
생각지도 않은 일기와 환경 사회 분위기
잠을 못 이루게 한다
먹은 만큼 뜬눈으로 여름을 보내라 한다.

# 이렇게 많이

생각지도 않게 많은 물을 쓴다
시간이 멀리 가기도 전에 또 샤워 한다
이렇게 많이 흘렸는데 또 씻으라 한다

여름 만큼 욕심 많게
올라가는 온도만큼
물로 차게 만든다

뒤돌아 서면 다시 몸을 바라보며
그리운 듯 물가로 내려 선다
반겨 주지도 않는데 다시 옷을 벗어
여름 이름에 씌워 주고 있다.

# 3 가야금의 아름다움

# 고생

젊어서 고생 한다는데
벌써 많은 날을 고생 한단다
하루 하루 날을 보낼때 마다 주름을 만든다고 한다
어느새 두툼한 손바닥을 나의 네비로 보고 있다
길을 잘못 들어 하루 종일 땀만 흘리며
손의 두꺼운 만큼 잡히지 않은 수고비를
다 닳아 속이 보이는 뒷 주머니에 차고 고생길을 간다
이게 고생 이란다.

# 시간을 보낸다

아직 여름의 눈짓이 감고 있지 않은데
달력을 찢어 가을을 보이게 한다
아직 여름의 이름이 지워지지 않는데
달력으로 가리워 가을 소리를 듣는다
아직 여름의 옷을 다 벗지 못했는데
달력 속에 인물들은 새 옷을 입고 있다
아직 여름의 심술을 다 보지 못했는데
달력을 뒤집으면 가을이 된다.

▲ 가야금의 아름다움

# 가야금의 아름다움

가야금 12줄의 아리랑 연주는
오가는 길손의 발길을 멈추네
우리 민족의 한이 서린 아리랑의
구슬픈 음율은 소리 없는 애환이 되어
나의 茶香의 쉼터로 몰려오게 하네

한 줄을 튕기며 한 민족을  느끼고
두 줄을 튕기며 소리없는 메아리가 되어
모두가 한마음으로 변하여
백의민족의 혼을 느끼네

아! 구슬픈 12줄의 가야금이여
아! 한 많은 우리 민족의 아리랑이여
한 음율을 들을때마다
아리랑 민요의 빠져드는 그 이름 가야금이여

우리 민요 아리랑이여
길손들의 가슴속에 파고드는
심장의 고동소리여
삼라만상의 모든 잡념 사라지고
살며시 눈을 감는다.

# 맨살

이 더위에 옷을 입음은 사치란다
이 더위에 앉아 있음은 게으름 이다
이 더위에 땀이 없음은 무관심 이다
이 더위에 바람이 없음은 무정함 이다
이렇게 맨살로 땀을 안고 일어서 있다.

# 미소

몰려드는 파도 속에
부서지듯 이어지며
내리몰듯 깔리는 모래 속에
파묻듯이 잠들어

한 미소 피었나 하면
다시 사라지고
보이는가 하면 가리워져
한 얼굴을 가린다

언제나 그 모양
그 모습으로
지워지지 않고 새겨지면

언제나 그 모습
만져질까 겁내어

새로 피는 꽃잎 에서
미소를 얻는다.

# 대금의 향연

지공 6구명의 6관청 5관청 4관청
소리의 고저장단의 음율은
심장의 파고드는 향기 없는 꽃이여

청산의 말없이 홀로 앉아 부는
소리의 애잔함은 낙숫물 떨어지는
빗물처럼 내 마음조차도 새 하얀 눈 꽃이 되어
천사들의 음성이 메아리로 느껴지네

대금의 아름다움이 온 세상 진동하며
산자락의 개울물 소리도
구슬픈 대금 소리의 여운은
내 마음 깊은 속까지 파고들어
한없는 세월의 아픔이 주마등처럼 스칠 때면
한 폭의 한국화 였었네.

# 친구

한해 혼자 외로울 땐
언제나 옆에 있어주어 외로움을 덜어주면
둘이 모아 하나가 되듯이
정이 모아 우정이 되며

긴 겨울도
긴 추위도
모여진 열기 속에
녹아지어
한해를 지나면

올해
한해
2009년

혼자있는 설움도
둘이 있는 친구되어
이 시간을 녹인다.

# 붉은 하늘

태풍의 걱정이 앞서는 가운데
벌써 많은 양의 비가 거리를 메운다

주의보, 경보, 땅의 걱정이 태산이다
그 하늘 그대로 비를 내리는데

잠시의 푸르름이 호흡을 늦추워 하늘을 보게 한다
무지개 가 잠시 위로 하며 웃는다

다시 붉은 하늘이 저녁을 가르키며 넘어 간다
하늘 전체가 붉게 비의 그침을 막고 있다.

# 65주년 광복절

2010年 8月 15日 광복절65주年 기념행사장
시민회관 대강당 애국가가 4절까지 울려 퍼진다
내가 이 세상 태어나기도 전이었네
끓어 오르는 애국심과 나라 사랑함에 모두들
숙연해지는 순간이다
1919年 기미년 독립선언과 1945年해방 이후
손병희 선생님과 33인의 독립투사 선생님이 있었기에
우린 이 날을 상기하며 한 마음으로 모두들 무지개 빛 속에서
영광의 태극기를 휘날리고 있네
행복한 순간 반짝이는 눈동자들 서로 서로 손잡고
대한독립만세 3창을 외치며 이 세상
숨쉬고 감사함을 새기면서
개개인의 국가관을 가슴속에 묻고
힘찬 박수를 보낸다
아! 나의 조국이여
아! 대한민국이여
영원히 빛나리라.

▲ 제 65주년 광복절 기념행사장, 부산시민회관 대강당에서
허남식 부산시장님과 함께 기념사진

# 잠자리

두눈이 모아지어
더 커진 눈으로
온 하늘 내것인양 허공을 돈다

손 벌려 긴 하늘을 그리지만
하루 종일 그려도 잡지를 못한다

휘돌아 한 바퀴
휘돌아 두 바퀴
열려진 호흡으로 냄새를 맡으며
네 날개 모두 모아 하늘을 가르킨다

높이 날아 네 날개
낮게 날아 네 날개
구름진 사이 사이로 바람을 내어 가을을 찾는다

잠자리
잠자리
보이지 않게
보이게

훨훨 날아 안뜨락
훨훨 날아 뒷마당

고추 위에
장독에
감나무 사이에 비켜진 하늘 보며
해를 막는다

한 마리
두 마리
한 무리
두 무리
맴돌아 맴돌아 하늘 날며

하늘을 본다
구름을 본다
가을 본다.

# 꽃을 부른다

봄이 오면
참기 어려운 땅 밑의 진동함이
머리를 들고 이마에 진동을 만든다
각가지 색으로 무장하여 구름을 베낀다
개나리로, 목련으로, 벚꽃으로
사람의 시선을 묶어 고개를 모은다
한 아름 가득 아니 한바탕 크게
하늘 아래 모두에게
미소를 만들며
애교로 꽃을 피우라고
봄나들이 전쟁으로
기쁨을 얻는다

기분 좋게 하루종일
물들어 가며
이 혼잡한 꽃속에 갇히어서 봄을 열고 있다.

▲ 부산여대 전통다도과 조인순 교수님과 그 외 선생님들
양산 통도사 화전놀이를 마치고

# 기다리는 마음

다 된 저녁
아침 비와 낮의 해가
노을을 몰고 오고 있다

시간 밑에 그려진
24시간의 거리는
어둠에 하나씩
걸음을 만들고 있다

무리진 사람 사이로
한발 한발
다가온 걸음으로
찾아 나선다

놓여진 한 잔의 커피는
줄어드는 물의 양 만큼
기다림을 재촉한다

그 얼굴
그 모습

그 소리를 들으며

들려오는 음악에도
시간의 빠름을 느끼며

빈 컵
뒤돌아 보는
마음이 있다
길게.....

# 4 茶의 미학

# 당신을 기다리며

오늘도 이렇게 긴 시간을 들여 기다림은
아직 완성되지 못한 웃음이 있기에
그 미소를 풀어 웃음으로 나오게
이 시간을 대기하고 있다

피어난 꽃으로 치장하고
들려지는 음악속에 가사을 붙이어
가슴이 일어나게
날을 보내고 있다

가는 손길에 가는 정으로
두 마음 묶어 연결되면
어느새 한 마음 되어 길을 가잔다
당신을 기다리어 이 자리 기억되게
멀리도 아니게 가깝게 있기를 바라며
당신을 찾는다.

# 茶의 미학

한잔의 차茶를 마시면
세상의 번뇌 사라지고
환한 미소가 귓전에 속삭이네

두 잔의 차茶를 마시면 정신을 맑히니
빗줄기에 온갖 티끌이 씻기는 듯
그리운 사람이 하얀 한복을 입고 내 앞에 다가와 있네

세잔의 차茶를 마시면
깨달음을 얻으니
도道의 경지에 이르네

네 잔의 차茶를 마시면 몸과 마음이
정화되어 무심無心이 자연스럽게 형성되니
신선되어 우주가 서로 화합하여
세계가 하나 되어 무지개 빛으로 보이네.

▲부산여대 전통 다도과 조인순 교수님과 여러 선생님

# 꽃의 신음

여름을 넘기기 힘들게
꽃들이 신음 하고 있다
뜨거워진 날씨에 머리 둘 곳이 없다
연신 흐르는 땀은 밑에 오르는 물길을 막고 있다
벌써 꽃 얼굴을 맞선 보고 헤어 졌는데
아직 길게 그림자를 만지고 있다
아직 기다리는 비의 흔적을
작은 구름에서 만나기를 기다리고 있다
너무 더운 여름 꽃밭 이다.

# 그리움

이렇게 소리 없이 흐르고 흘러서
마냥 줄기차게 흐를때면
그 줄기에 씻겨 내리는 기억의 거품을 봅니다

아무도 없이 외로히 내리는
이 빗줄기에는
서로 보아 주기를 바라는 흐르는 그리움이 흐릅니다

씻겨 내리고 또 씻겨내려도 하늘을보며
다시 기다리는 그리움이 있습니다

외롭기에 더 눈을 응시하고
똑바로 보는 갖고 싶어하는 마음
그 속에 젖어서 잠기고 싶어하는
계속 님을 그리는 풍성한 마음이 있습니다
이 아침에 그리움 으로
이렇게 젖어가며 보는 것입니다.

# 나의 하느님 1

사랑이 많으신 나의 하느님
지금까지 베풀어 주신 은혜에 감사 드립니다
긴 삶의 여정속에 용광로의 쇠를 달구던
많은 시련과 고통을 주었습니다
견딜 수 있는 자에게만 고통 주신다고 했습니다
이젠 거두어 주옵소서
너무나 힘들어 에너지가 다 소진되어 정신과 육체가
지쳐 있습니다
이 실비아 불쌍히 여기소서
하느님 나의 하느님
지혜가 부족할때 지혜를 주시고
몸이 쇠약해질때 건강과 용기와 희망을 주십시오
새롭게 태어난 인생 살게 해주시고
이젠 모든 허물을 벗기시고
가난한 이의 선구자 되게 하시고
불쌍한 이의 앞장서게 하시고
이 세상 빛과 소금이 되게 하소서.

▲ 부산교구 양산 소화 데레사 물금 성당에서 주임신부님이신
정영한 루도비꼬 신부님과 함께

# 병상에서

가로막힌 창가에서
바깥 세상이 보고 싶다
어제 보았고 내가 걸었는데
잠간의 휴식이 이렇게 앉아 있다
다들 뛰고 ,걸으며 , 시간들을 잡았는데
남이 모르는 세월이 약이라고
이 순간 혼자 만의 시간을 보낸다
똑같은 모습으로 똑같은 환경에서
나를 실험 하고 있다
하얀 벽이 가로 막힌  숨쉬는 공간에서
이렇게 나를 홀로 보고 있다.

# 4월의 꽃

가만히 앉아 볼 수 없어
내 몸을 추려 하늘을 보게 한다

온통 무리지어 함박 꽃, 목련
이집 저집 사정 없이 물들어간 개나리
사방을 흰색으로 눈꼽조차 없이 가리면
나머지는 붉게 물들게 벚꽃이 웃는다

어느새 4월을 불러
모두다 깨어 꽃을 부른다
어제도 안 보였는데
오르지 내일 만을 위한 외침
하늘을 수놓아 봄의 잔치를 연다

오가면 눈을 좋게
눈을 모아 마음을 좋게
마음 모아 세상을 좋게

이렇게 부르고 있다
4월이 꽃을

그 속에서 들으라고
물들라고
걸으라고

더 느끼라고
4월 초 하루다.

## 無題

많은 여름의 땀들
많은 몸속에 물줄기
하늘에 보여 준다

저 더위
여름 이야기를 버린다
내일을 기다린다.

## 여름 꽃

한해를
이름으로 기다리며
불러 주기를
내 얼굴의 미소를
얼마 동안일까

하나씩 필때는
하늘을 세었고

두장씩 필때는
구름 세었고

모두가 피었을때
내 이름을 버렸다

하나씩 떨어질때
하늘을 잊었고

두장이 떨어질때
구름을 보냈고

모두 다 떨어질때
꽃이름을 지웠다.

# 너무 덥다

온몸을 다 벗어도
끈끈함이 마를 날이 없다

온몸을 다 벗어도
마음속이 비울 시간이 없다.

▲ 부산 기장군 기장읍 대변리 521-1번지 토암공원에서 토우들과 함께

# 나의 어머니

곱디 고운 나의 어머니
벌써 고희(古稀)를 넘기신지 여러해 되었네
봄이 오면 진달래 피듯이
나의 어머니도 한 청춘의
세월이 흘러 자화상의
얼룩진 주름이 가득하네
자나 깨나 큰 딸 걱정에
애달아 하시는 나의 어머니
한 평생 효도 한번 못하고
살아온 나에게
아직도 지극 정성으로 사랑 해준
나의 어머니
어머니가 있었기에 이 딸은
당당하게 살아갈 수 있었고
이 세상 숨쉬고 대 자연의 섭리를 느낄 수 있습니다
나의 어머니 존경합니다
고맙습니다 사랑합니다
오래 오래 건강하게 사시옵소서.

# 벌써 마음은

아직 채 피지도 않은 꽃술에
가을이름을 묻는다

아직 하늘은 구름의 자리를 마련치 못했는데
가을 이야기를 꺼낸다

아직 바람이 마음을 잡지 못했는데
가을 그림을 그리고 있다

아직 마음은 기다리고 있지만
가을 달력이 넘어 가지 못하고 있다

아직 가을을 기다리지만
가을얼굴이 땀을 흘리고 있다.

# 5 나의 하느님 2

# 가을

하늘
구름
코스모스
마음 속을 열고 있다
손을 벌려 하늘을 가르킨다
꽃의 노래를 듣고 싶어 한다
구름의 미소를 보고 싶다
벌써 저 멀리 높이 날아간
코스모스의 그림자를 따라 간다.

# 부채

오늘도 어김없이
한 손에 들려 바람을 찾는다

내 한몸 가리어 더위를 쫓지만
가슴 한쪽만 바람을 만난다

흔들어 바람을 모우지만
흔드는 내 손목에 힘이 더 들어
얼굴엔 땀이 부채 값을 한다

접어진 사이 사이로 사연을 만들어
크게 흔들어 허공에 뿌리면
시원한 바람만 들어와
아무 것도 없는 無心을 만든다.

▲ 서울대 규장각 앞에서

# 나의 하느님 2

하느님 나의 하느님
한 떨기 흰 백합꽃 처럼
살다 가고 싶습니다
티끌 세상 대 청소하듯
태양처럼 빛나고 달빛처럼
밝게 살다 가고 싶습니다
희망이 있는 곳에 길이 있고
지혜가 있는 곳에 아름다움이 보입니다
낙타가 바늘 구멍 들어가기 보다는
천국에 들어가기가 더 힘듭니다
남은 여생 하느님 품 속에서
믿음과 사랑 속에서
꽃 피우고 싶습니다
대 자연의 섭리 처럼
하느님의 섭리에 따르겠습니다
이 실비아 당신의 도구로
써 주옵소서.

# 겨울

그림자가 없다
따뜻함도 없다
찾아오는 이도 없다
이름만 보인다

다가오는 추위만
얼굴을 가리게 하고 있다
온 몸을 만지게 한다
겨울 이란다

손발이 추워 감추이고
얼굴이 추워 마음마져 감추고
이름을 지운다
벌써 겨울을 보내려 한다

이제 겨울 이름이 보이는데...

# 여인

고개 숙여 나를 안 보이게
이 길을 지나려지만
잠간의 지남에 발자국이 남긴다

마음은 아직 나를 잊지 않지만
손길을 어느새 뒤를 돌아
이별을 만들고 있다

이별은 아직 도착 하지 않았는데
옷깃은 바람을 만나 헤어짐을 만든다
여인아 기다리렴

그리 쉽게 떠나지 못하리라...

▲ 대한민국 명인이신 좌수서예 석천 김병호 화백님 화실에서

# 장애극복 가정 및 모범자녀 장학금 전달식 날

2010年 8月 19日 부산 시청 12층 국제회의장
눈에 익은 많은 곰두리님들의 모습들이 있어 너무 기뻤다
난 좌수서예 석천 김병호 선생님의 시장님 표창장 수여식에
꽃다발을 들고 축하 하러 갔었네
석천 선생님은 모태에서 부터 오른손 소아마비로 태어나서
선친께서 한의사로서 서예를 하셨기에
4살때 부터 곁에서 먹을 가까이 하면서
68세인 오늘에 영광을 안았네
대한민국 200분 중에 한분인 명인이며
부산에서 유일하게 6분 중에 한분이며
목단 한송이 한송이 그릴때 마다
천국에 있는 딸의 얼굴 하나씩 하나씩 그리는 마음으로 사셨네
또한 대한 명인 전통 우리신 (화혜) 안해표 선생님도 만났었네
대한민국을 빛내주는 대한 명인이여
영원히 빛나리라
장애를 가졌지만 저 마다의 소질을 가지고 열심히 살아가는
곰두리님의 가정에도 축복이 함께 하시길
나의 하느님께 간절한 기도 드립니다.

# 미련

아직 만나지도 않았는데
벌써 헤어짐의 서글픔이
시간을 잡고 있다

많이 보아온 드라마의 사건들이
내 현실에 들어 온양
주인공이 되고 있다

다 끝나지도 않은 사연을
드라마가 끝날 때
같이 미련을 가지고 울고 있다

그건 드라마인데...

# 세상살이

오늘따라 세상 이야기가 어둡다
이 넓은 땅에 왠 그리 사건이 많은지
살았다는 이야기 보다 죽음 이야기다

신문 모든 면이 살기 위한 기사보다
다들 죽이기 위한 죽음 이야기 뿐이다

천재지변, 말세임박, 인정몰수
사는  이야기가 없다

오늘따라 날씨가 더 부추기고 있다
오늘따라  마음이 더 선을 잃고 있다
악이 더 세상을 이기려 하고
선이 자리를 빼앗기고 있다

선으로 악을 이기라 했다던데...

# 수박

양손에 잡은 수박이 입술을 가른다

양손에 잡은 수박이 미소를 만든다

양손에 잡은 수박이 인정을 베풀고 있다

양손에 잡은 수박이 하늘을 보게 하고 있다.

# 걸음

왜 이리 힘들게 길을 걷는가
계단 오르기도 힘들어 손을 집는다
한 무릎 휘어 잡고 위를 오른다

관절염이 성인병이 노리고 있다
길을 좁게 느리게 힘을 주어 걷게 한다
나이를 기억 하게 한다

병아리처럼 물 한모금에 하늘 보듯
한 걸음에 허리 피어 하늘을 본다
앞에 걸음들이 부럽다

어릴때 기어갈 때 생각하고
내 나이 이렇게 해를 거듭하여
기어가듯 느려질때
더 하늘을 보게 한다

벌써 어르신이란다.

▲ 부산여대 차문화 치료사 과정 김인숙 지도교수님과 그 외 선생님들

# 차 문화 치료사와 봉사의 삶

천직으로 생각한 봉사는 20대 부터 자연스럽게 내곁에 다가와
벌써 숙명처럼 된지 30년이 넘었네
차문화 치료사로서 茶人으로서 살아가면서
각 분야마다 조금씩 알게 해준 나의 하느님
오늘도 감사의 기도를 드립니다
요양병원, 치매병동, 알콜병동
초,중학교, 노인대학, 교도소, 기타 등등
봉사할 수 있는 삶 너무 많고
행복한 하루 일과 속의 한 촌음도 아끼는 시간들이
마냥 아쉬움을 느끼며
춤추며 노래하는 환희 속의
살며시 눈을 감는다.

# 고향

언제나 그리워 하고 있다
항상 가지 못해 그리워 한다
보이지 않아도 흐뭇한 감동을 일으킨다
일년에 한번은 꼭 가야 하는 견우 직녀이다

마음에 잊지 못하는 필수 과목
선택이 될 수 없는 기본 과목
누구나 갖고 있는 공통 과목

올해는 꼭 다짐 하는 고향
때아닌데 벌써부터 고향표를 판단다
미리 그리움을 만들어
일년 장사를 한단다.

# 6 지리산 오죽헌

# 라면

자식과 둘이 앉아 라면을 먹는다
아빠가 끓이고 아들이 풀어 넣고
3분을 기다려 젓갈을 휘저어 본다
아직 뜨거워 후후 불며 서로의 얼굴을 본다
라면 김에 얼굴이 서리어 배고픔을 모른다
언제 돌아올지 모르는 엄마를 생각하며
둘이 웃으면서 서로 떨질줄 모르는 라면 발에 신경을 쓰며
아빠라 조금더...
아들이라 조금더 ...
서로 더 주기에 바쁘다
마지막 남은 국물 나누워 먹기다
목줄에 까지 국물이 흘러야 이제 끝이다.

# 서울 시인대학 가는 날

부산에서 KTX를 타고 서울시인대학  까지는
약 4시간 30분이 소요 되었네
일주일에 한 번씩 6개월 동안
서울행 KTX안의 새로운 만남
새로운 인연 새로운 삶
수많은 시간 속의 인생 드라마틱 했었네
Hy-Hi (Hypertext/High-tech) 장르와
유년시절 문학소녀의 잠재력을
일깨워준 서울시인대학은 행복을 느끼며
달려가는 KTX는 너무 짧은 거리였었네
순수하고 맑은 학자 타입의 학장님
서울 시인대 시인님들
모두가 환영해 주는 모습들은
기쁨에 벅찬 마음을
달랠길 없었네.

# 편지

매일 같이 기다리며 고개를 돌렸던 편지함
작은 사연에도 감동을 안으며 찢었던 편지
우표 사러 내려가며
우표 붙이러 혀를 내밀던 편지
사흘이냐 나흘이냐 기다리던 편지다

어느새 세상이 바뀌어 받아 볼 수가 없다

전화로 한통
인터넷으로 한 사연
트윗터로 한 소식
너무 빠른 세상이다

우표 붙일 사이 없이 소식이 먼저다
바로 귀 옆에 편지가 있다
잠때도 안고자는 휴대폰
누가 이름 지었는지... 휴대폰이다

편지를 빼앗아간 장본인
낭만을 잃게한 범인
우체통을 무안하게 만든 당사자

오늘도 그 사이에 편지를 기다린다.

# 일기

사연이 없다
쓸 이야기가 없다
쓸 종이가 없다
쓸 연필이 없다

무서운 현대 문명이 모든 것을 잃게 하고 있다
감정을 잊게하고
사연을 흐리게 하고
쓰게 하고픈 시간을 가져가 버리고 있다

마음은 있는데
시간이 바빠지고
여유가 없어지고
앉아 있을 의자가 없다

바쁜 세상
그저 눈에 보이는 그대로
사실적으로 살게 하고 있다

일기에 쓰는 추억을 버리게 하고 있다

나 자신도 버리고 있다.

▲ 부산여대 다문화 대학원 졸업식 때, 임인숙 총무님과 함께

# 낭만

인생의 걸어온 발자취
인생은 사색에서 시작하고
낭만으로 그친다
사색의 그릇이다

아름다움의 상징
추억의 피조물
영원한 우리네 삶 그자체
보석처럼 빛나는 그리움속에

혼자만이 고이 간직한 보물
누가 빼앗아 달아날까봐
심장에 박동소리가 멈출까봐
숨이 가쁘다

아! 혼자만이 영원이 간직하고픈 그리움.

# 나 자신

벌써 나이가 그림자를 드리운다
길게 크게 그림자를 그렸는데
어느새 내 그림자를 밟고 있다

남이 어르신이라 허리를 굽히면
내 자신 더 수줍어 뒷 걸음이다
나이 탓이리라

이젠 주민번호 앞자리를 보이기 싫다
지갑 깊숙히 머리를 넣어 해를 피한다
해바라기를 닮는가 보다

키만 커가지고 남의 것만 쳐다보고
굵어진 나의 다리는 못보나 보다
이렇게 휘어 있는데

점점 저녁을 싫어 하는 노파심에
나이를 이어 가고 있다.

# 코스모스

가을 이름을 부르면 자동으로 피어 오른다
가을 하늘을 닮아 맑게 이쁘게 꽃을 자랑한다
꽃의 얼굴을 미소로 맞추기 위해
작은 가지들이 무용을 시작 한다

만질수 없게 갈라진 가지 사이로
더 돗보이는 색깔의 코스모스가 하늘을 막는다
보는 이 마음에 까지 물들이는 실력이 있단다
한가지 이름으로 서 있기 위해
오늘도 무리지어 이름을 날리고 있다

잠자리,나비들이 꽃 색깔에 물들이어져
같은 색깔로 하루를 보내고 있다
누가 뭐래도 코스모스라 불리면서
가을 구름에 멀리까지 흘러 가고 있다.

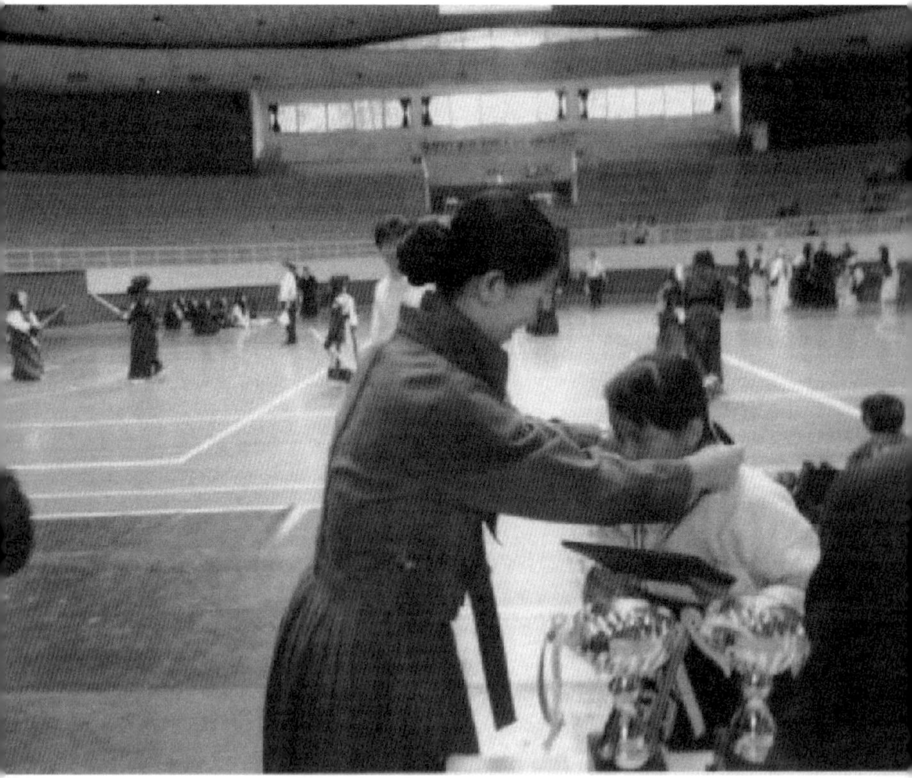

▲ 제8회 부산광역시장배 전국 검도검술대회에서 시상하고 있는 이정애 시인

# 대한민국

아무리 보아도 복 받은 나라이다

내가 이렇게 살아 있음은 복 받은 나라이기에

오늘도 나의 일속에 존재의 가치를 느끼는 것은

우리 나라가 있기에 가능한 일이다

주변의 여러 나라들의 어려움이

나 에게 감사로 느껴짐은 이 나라가 있기 때문이다

애국가의 깊은 뜻이 더 외워지는 것은

대한민국이라는 나라가 있기 때문이다

하느님이 보우하사 우리나라 만세 이기 때문이다.

# 추석

보름달보다 돈을 먼저 헤아린다
고향보다 자동차를 먼저 골라야 한다
만남보다 선물을 먼저 생각해야 한다

일년을 참아 그림을 그리면
잘하면 본전이다
항상 적자 인생이다

그래도 추석이면
부모님을 떠올리고
고향을 생각하고
친척을 생각한다

한줄기의 인연으로
가족이 되어
친척이 되어
이 하루를 핏줄을 다시 헤아려 보는
이산 가족 만남 그리움이다

올해도 어김 없이
대한민국 백성들의 대 이동
가나안을 향한 탈출이 시작 된다

잠간의 만남이 일년을 살게 하기에
수많은 수고 속에 추석을 찾는다.

▲ 지리산 오죽헌에서 내 친구 하동경찰서장님, 지천 선생님, 강보살님과 기념사진

# 지리산 오죽헌

하동 쌍계사에서도 약 40분정도
깊숙히 들어가면 오죽이 많아
오죽헌이라고 하였네
지리산 오죽헌 지천 선생님과 강 보살님
나를 기쁘게 맞이 해주었네
참 인연은 묘한것 같고
나 어릴때 친구인 하동 경찰서장
지천 선생님 나와의 인연 어쩜 필연인것 같았네
새벽이슬 머금고 딴 야생의 어린 찻잎으로 만들어진
국내 최초 특허를 낸 발효 황차로 유명한 지리산 오죽헌
통나무로 이어진 몇 개의 다실
개구리소리 매미소리 개울 물소리
자연의 정취를 만끽할 수 있는 정감은 나의 오감을 적시네
푸르게 태어나 검게 살다가 하얗게 가는 오죽이여
생로병사가 이와 같구나!
아! 그리운 지리산 오죽헌이여
아! 웰빙에 최고의 보금자리여.

# 손가락

나는 열 손가락이 있답니다
나는 열 발가락이 있답니다

재는 열손가락이 아니랍니다
재는 열발가락이 아니랍니다

나는 재주가 없답니다
재는 재주가 많답니다

나는 불평이 있답니다
재는 미소가 있답니다

나는 만족이 없답니다
재는 작은 것에 감사 한답니다

나는 눈만 크고 하나만 본답니다
재는 작아도 많은 것을 본답니다

나는 내일이 없다 했습니다
재는 내일을 꿈꾸며 잠이 든답니다.

# 얼마나 기다려야 합니까

하루
이틀
사흘
기다림의 연속
이만큼 살아 왔습니다

한달
두달
세달

세월의 흐름
주름이 보입니다

일년
이년
삼년
뒤돌아 보는 나이입니다
많은 나이라고 합니다

십년
이십년
삼십년
앞만 보라 합니다
마음을 접으라 합니다

언제 까지 입니까
내가 나를 알수 있은 날이
언제까지 후회만이
세월을 붙잡고 있게 합니까
2010년도 벌써 이만큼 지나 갑니다.

# 7 우리가족

# 우리가족

눈을 뜨면 대화할 수 있어 행복하고
눈을 감으면 볼 수 없어 허무하고
멀리 있어도 목소리만 들어도
안부를 알 수 있고
그립고 보고프면 만날 수 있어 좋고
아플 때나 기쁠 때나 함께 나눌 수 있어 좋고
태초의 이미 정해준 신의 피조물로 빚어낸
가족이란 이름표
참 소중한 가족의 포근함이 있기에
삶의 향기를 맡으면서 오늘도 변함없이
각자의 일에 열심히 살아가는 모습이
무지개 빛 되어 가정의 웃음 꽃 만발하네.

▲ 우리집 왼쪽부터 딸, 초등학교 5학년 , 조카 2명, 아들 초등학교 4학년

# 샘

많은 것을 가지고도 만족함이 없는
작은 것에 기뻐함이 없는
빈 마음 오래 도록 가지지 못하는
한 가지 고집 속에 한 가지만 바라면
남이 그것을 가져 갈 때
후회 합니다

작은 것 하나에  고마움이 있다면
남에게 주고 싶어하는 사랑이 생깁니다
그것은 내가 가지고 있는
사랑의 샘물이 아직 마르지 않기 때문입니다
퍼도 퍼도 다시 기쁨을 만들어 내는
샘의 기적이 있기 때문입니다.

# 소풍

들뜬 기분
하늘 높이 나르는 풍선

내 마음 같이
꾸겨진 바지 주머니
쌈지돈
부셔지는구나

봄 빛이
눈 망울이
흐리게 비쳐도
새 눈 터논
꽃 봉우리 속에
기억을 느낀다

움츠리며
거부하던
기운의 뒷터
마중나온 볕에
푸른 잎을 만든다

이 푸르른 계절에
소풍을 간다.

# 말세란다

언제부터 인지 세상이 말세란다

세상 돌아가는 것을 보면 안단다
자식들의 돌아가는 모습을 보면 안단다
우리 이웃이 돌아가는 것을 보면 안단다

언제부터 인지 세상이 말세란다

세상의 말을 들어 보면 안단다
자연을 돌아보면 안단다
주변의 죽음을 보면 안단다

언제부터 인지 세상이 말세란다

웃음이 줄어들고 미소가 사라지고

베품이 없고 받음만 있을때
이웃을 보는 눈이 어두울때
내가 혼자 최고라고 할때
물이 달라질때
하늘을 보는 사람들이 적어 질때

말세란다.

▲ 부산여대 다문화 대학원에서 박일훈 지도교수님과 통도사 화전놀이를 마치고 기념사진

# 봄이 오면

하얀 백설이
녹아지며
새날을 기다릴때
오늘이 아니라며
내일을 기다렸죠

추위가 싫다며
따뜻함을 그릴때
가는 나날이 늦는다 하며
저 구름의 달을 그리워했죠

봄이 오면
더 더욱 좋으리라 기대하며
겨울의 찬 느낌을
보냈죠

1월
2월
여러달이 지날때
따뜻함을 주며

그의 정
그의 살빛을 말 입니다
추위가 싫어
따뜻함을 찾듯이
이렇게
정에 굶주릴때
어머니를 찾습니다

정
따뜻함
그
고마움을 말입니다
이렇게
봄이오면...

# 행복이란

행복이란 말이 아닙니다

행복이란 남의 이야기가 아닙니다

행복이란 나에게서 시작입니다

행복이란 글이 아닙니다

행복이란 당신에게서 나오는 것이 아닙니다

행복이란 나의 작은 움직임이 만들어 냅니다

행복이란 그림이 아닙니다

행복이란 친척에게서 나오는 것이 아닙니다

행복이란 우리 가족에게서 나오는 것입니다

행복이란 꿈이 아닙니다

행복이란 옆에서 보는 것이 아닙니다

행복이란 내가 움직일때 나오는 것입니다

작은 것인데

심겨지면

열매를 얻습니다

희망을 봅니다

기쁨을 나눕니다.

# 가족

내가 살아 있음은
가족이 있기 때문 입니다

내가 아버지가 되는 것은
가족이 있기 때문입니다

내가 아버지를 부르는 것은
가족이 있기 때문입니다

내가 남에게 부러움을 받는 것은
가족이 있기 때문입니다

내가 존경을 받는 것은
가족이 있기 때문 입니다

내가 이렇게 건강하게 사는 것은
가족이 있기 때문입니다

내가 감사하는 것은
가족이 있기 때문입니다

내가 이렇게 글을 쓰는 것은
가족이 있기 때문 입니다

내가 웃고 있음은
가족이 있기 때문입니다.

# 겨울 맛

입동
소설
한껏 눈이 내리려나
여나무날을 하늘을 보며
구름사이
엹은가로

한줄 두줄 눈덩이가
그리운데
검게 그을린 날씨
벗지도 못하게
입지도 못하게
추위를 느끼며
움추린다
뜬 소문
겁난 소문은
올해 유난히 춥단다
혹독한 추위가...
짧게 끝난다나...
미리 겁 먹고

몇날 지나 추위가
때 아니게 푸근한 날씨로
겉옷 못입게
이 날씨로
이대로 갔으면...
겨울 맛 모르고
겨울 맛 안보고
그대로...
추위
떰
어떨지?

# 감성

센티멘탈하고 고요하며
밤하늘의 빛나는 은하수 같고
때로는 천사와 바보로 엇갈린다
신이 인간에게 준 최고의 선물

살아숨쉬고
생명력을 넣어주는 불로장생초
인간은 하루에도 몇번씩 마시며
기쁨과 슬픔을 공유한다

감성이 있기에 예술인이 탄생되고
시인이 탄생되고 노벨문학상을 꿈꾼다
감성이 있기에 인생은
천국도 느끼고 지옥도 느낀다

감성은 인간을 신비하고 오묘하게 한다
각자의 높낮이는 있겠지만
느끼는 사람마다 폭 수가 다르다
슈베르트의 교향곡 같다.

▲ 중학교 교사인 사촌동생과 부산시네마테크에서 예술영화를 보고 난 후 기념사진

# 아침해 처럼

칠흙같이 어두워져서
별을 볼 수 없을때
어두움에 가리워
앞을 보지 못하여
분별하지 못할때

긴 시간이 가고
정적이 지나고
어두움에 익숙해 있을때
모두 잠들어 있을때
잊혀져 갈때

안개가 걷힙니다
새벽이 오릅니다
나무가지 사이로
호수 사이로
잠자는 숨결 사이로
숨쉬며 살아있듯이
눈뜨며 보듯이
들리지 않던 소리가

보이지 않던 내가
시간이 가고
모두를 기다릴때
우리가 바랄때
바라는 만큼
이렇게
비치어 옵니다

어두움을 벗어 줍니다
빛을 가져 옵니다
생명을 이어줍니다
일어나게 합니다
숨을 쉽니다

이렇게
움직이며…

하늘 위
하늘 위
해를 봅니다
모두
해 처럼
그렇게 되었으면 하고…

# 푸른 숲속

하늘이 지어준 무대 속에
구름이 만들어 낸 골짜기를 따라
물길이 터준 길가를 만나면
푸른 숲속이 됩니다

온갖 자연의 동물들이 춤추고
수많은 꽃들이 들러리 설때에
우리는 거저 들어 오기만 하면
귀족이 되는 영화를 누립니다

그래서 보기만 합니다
그래서 미소만 남습니다
그래서 오래도록 음악 소리가 전해집니다

하얀 안개가 그리움이 되어
숲의 이야기를 꿈꾸게 합니다
이 푸른 숲속 에서만 일어 납니다.

▲ 故정상구 박사님 시비앞에서 한국다도협회회장 정영호 문학 박사님과 부산여대 다문화 대학원 류선균 교수님과 함께 기념사진

# 정을 주었죠

따뜻함을 느끼며
정을 느낄때
내 옆에 누가 있으리라 착각하며
옆자리를 보았죠

어린아이도 아닌데
내가 어린애가 아닌데
다시 나는 옆을 보며
봄의 정를 느끼며 찾아 봅니다

고마움에
정을 주며
그렇게 누군가 기다리며
이렇게
찾습니다

내 옆
내 자리
나를 위해
우시던
나의 어머니.

# 이정애 시인의 시집 출간에 부치는 말

국회의원 金世淵

이정애 시인의 첫 번째 시집 『금정산의 다향茶香』 출간을 진심으로 축하 드립니다. 아울러 이 시집을 펼친 독자들의 마음에 진초록 다향이 은은하게 퍼져 나가기를 기원합니다.

그 무엇이 됐든 처음이라는 것은 항상 새롭고 설레기 마련인데, 특히 창작물의 경우는 작가의 고뇌와 창작의 고통을 감안한다면 그 의미가 훨씬 더 크다 할 것입니다.

이런 차원에서 첫 번째 시집을 출간하는 이정애 시인의 감회는 가히 상상이 되며, 나아가 금정산의 기품과 차의 향기를 노래한 창작물을 접하게 될 독자들도 기대가 높을 것이라 생각합니다.

저는 시인 이정애 님을 잘 알지는 못하지만  부산곰두리봉사회 여성 정책위원장 다사랑 나누미 부산본부 여성위원장, 3.1동지회 회원 등으로 활동하시며 지역사회 발전을 위해 오랜 기간 봉사해 오신 그 헌신의 자세는 익히 들어 알고 있습니다.

시집 출간 축사의 지면을 빌려서나마 그간의 지역 사랑 실천에 대해 깊은 감사의 마음을 전합니다.

아침에 좋은 시를 읽으면 저녁에 잠들 때까지 좋은 시의 향기가 남아있다고 합니다.

아무쪼록 이정애 시인의 첫 시집 『금정산의 다향茶香』이 독자 여러분의 삶에 향기를 불어넣는 전령(傳令)이 되기를 바랍니다. 저도 이제 책장을 펼치려 합니다. 감사합니다.

# 시집 출간을 축하하며

체육학 박사
대한 합기도 공인10단 김용술

올여름 유난히 기승을 부리던 무더위도 아침 저녁에 창문 사이로 불어오는 서늘한 바람에 결실의 계절인 가을이 우리 곁으로 다가왔음을 느낍니다.

들녁에는 코스모스 꽃들이 한들 한들 춤추며 오가는 사람들의 가슴을 설레게 하는 이때에 이정애 시인님의 시집 출간을 진심으로 축하드리며 인생은 아픔만큼 성숙하듯이 이시인님의 삶 속에는 인생의 향기가 담겨 있습니다.

오랜 茶생활속에서 茶人으로써 단아함과 윗사람 공경 할줄 아는 아주 예의 바르고 그러면서도 활동적인 성품을 지녀 각 분야마다 열성적으로 일하고 봉사함에 깊은 찬사를 보냅니다.

한 촌음도 아끼며 살아가는 모습도 아름답지만 항상 맑고 밝게 씩씩한 모습속에도 단아함를 지닌 한복 차림의 이시인님

오늘을 살아가는 세인들에게 따뜻한 한줄의 시어들이 감동이 되고 삶의 활력소가 되었으면 합니다.

앞으로 더욱 더 작품 활동에 매진하여 제 2시집도 내시고 수필집도 출간하여 많은 독자들로 하여금 사랑받는 이정애 시인 수필가님이 되시길 바랍니다.

‖ 축 사 ‖

# 시집 출간을 축하 하며...

담원 김창배 화백

오랜 침묵을 깨고 늦은 나이에 거듭 난다는 마음으로 시집을 출간한 이정애 시인의 첫 번째 시집을 축하합니다.

지나간 세월의 애환과 환희를 허공에 묻어 두시고, 아끼는 지인들의 사랑과 격려로 탄생한 한권의 책 도와준 지인들에게 감사를 전하는 마음이 시집 속에 녹아 있습니다.

그간의 삶을 돌아보면 부단한 노력의 산물이 없었다면 오늘이 결실이 있었겠나 여겨집니다.

앞으로도 더 낮게 엎드려 살아온 흔적들이 시속에 투영되어 세상에 아름다운 소금의 빛이 되었으면 하는 바램입니다.

문학의 길은 멀고도 험난한 여정입니다.

더 많은 눈을 뜨시고 부족한 세계는 내속의 참스승을 찾아서 날개를 다시길 바랍니다.

2010년 늦여름 인사동 潭園茶筆茅齋
차한잔 차탁에 올려 놓고

‖ 축 사 ‖

# 시집 출간을 축하드립니다.

총무 임인숙

국화향기 가득한 만추의 계절에 이정애님의 시집 출판회를 열리게 된 것을 진심으로 축하드립니다.

항상 단아한 모습으로 茶생활을 하는데 그치지 않고 시와 더불어 정신을 일깨우고 마음을 밝히는 매개로써 삶을 극대화 시키며 윤택하게 발전 시켜 나가는 열정에 존경스러울 따름입니다.

살다 보면 탁탁한 현실에 부딪힐 때면 따스한 온기가 느껴지는 시 한줄이 또 다른 의지가 되고 충만한 삶의 에너지로 승화시키는 글 들로 남겨 주시기 바랍니다.

이정애 시인님의 작품활동에 무한한 발전과 가을 들녘처럼 풍성한 보람과 결실이 있으시기를 기원 드리면서 부산여대 차문화 치료사과정 회장님이시면서 그 바쁜 중에도 첫 시집 출판을 다시 한번 진심으로 축하드립니다.

부산여대 차문화 치료사과정

## 존경하는 나의 어머니

딸 송유진

먼저 시집 출간을 기쁘게 생각 합니다.

나의 어머니는 늘, 소통의 갈증을 가지고 계셨습니다.

그저 외로워서 주변의 어느 누구가 그리운 것 보다는,

마음이 잘 맞아 불편하지 않게 대화를 이어갈 수 있는 사람을 못내 아쉬워하며 살아가셨습니다.

항상 어머니께서는 수많은 해를 살아왔음에도 세상 어디에 그만한 사람을 많이 두고 살지 못함이 요즘 들어 못내 서운하다고 하셨지요.

그런 어머니의 삶의 녹녹함과 소통을 담아낸 시집의 출판을 축하드리며, 이 책을 읽는 모든 분들께서 이 글을 통해 보다 많은 면에서 함께 나누고, 공감하며, 교감할 수 있다면 좋겠습니다.

삶의 정서가 닮아있는 이글을 쓰신 어머니의 뒤늦은 등단을 곁에서 지켜보며, 어쩌면 인생의 맨 끝에 청춘이 있어야 한다는 생각을 해 봅니다.

사랑하는 나의 어머니의 열정에 큰 박수 갈채를 보냅니다.

병원에서 간호사로 근무

# 찻잔에 피어난 千年 茶香
# – 如蘭 이정애 시인의 시세계

임수홍 / 시인 · 국보문학 발행인

## Ⅰ.들어가며/ 如蘭 이정애 시인을 만나다.

현대시에 있어서 Hyper Text 장르가 가랑비에 속옷 젖듯 스며들고 있다.

일반 시는 독자의 필요나 사고의 흐름과는 무관하게 계속 일정한 내용을 순차적으로 읽을 수 있지만, 하이퍼텍스트 시는 독자가 연상하는 순서에 따라 원하는 주제를 얻을 수 있는 시이다.

독자들이 기존 시의 선형성(線形性), 고정성, 유한성의 제약에서 벗어날 수 있는 개념이며, 파생 텍스트 시라고도 한다. 즉, 문장 중의 시어나 단어, 그리고 표제어를 모은 목차 등이 서로 관련된 문자 데이터 파일로서, 각 노드(node)들이 연결된 네트워크로 구성되어 효율적인 문장구성에 적당하도록 구성한다. 여기서 노드는 하이퍼텍스트 시의 가장 기초적인 정보 단위를 말한다. 한마디로 시의 과학화이며, 시대적 흐름에 의한 성장을 말한다.

시를 쓰는 것은 일종의 창조행위다. 함축의 묘미이며, 허공에 하나의 생명체를 탄생시키는 일이요, 생명체에 영혼을 불어 넣어 꽃피우는 일이다.

언어의 예술을 누리려면 영혼과의 대화가 이루어져야 한다는 말이다.

시인에게는 보통 사람과 다른 세상을 보는 영혼육(靈魂肉)을 가져야 한다. 눈을 통해서만 보는 것이 아니라 영과 혼으로 보는 투시력이 있어야 한다. 못생긴 돌멩이를 보고도 꽃보다 아름다운 시어를 탄생할 줄 알아야 한다.

외로움과 고통 속에서도 소망을 토해내고 눈물을 흘리면서도 사랑을 노래할 줄 알아야 한다.

如蘭 이정애 시인의 시(詩)는 순간순간 즉석에서 창작한 독특한 시들과 가슴에서 고통의 용광로 과정을 거쳐 영혼으로 탄생한 시가 많았다. 茶와 茶香에 대한 그리움을 승화시키고자 하는 如蘭 시인만이 가지고 있는 고유의 시어(詩語)들이 내포되어 있다.

如蘭 시인은 남들이 경험하지 못한 고차원의 경험을 통하여 시로 승화시켜 토해내고 있으며, 그의 시는 Metaphor의 맛과 멋이 살아 있고 형이하학(形而下學)과 형이상학(形而上學)의 시어(詩語)를 구사하는 기법이 특출 났다.

P. 토인비는 장 콕토와의 인터뷰에서 "열여덟 살 때, 나는 시라는 것은 단순히 남에게 환희를 전달시키는 것이라고 생각했습니다. 스무 살 때, 시는 연극이라는 걸 깨달았지요. 나는 가끔 시를 갱도(坑道) 속 함정에 빠져서 미칠 것 같은 불안 속에서 자기를 구출해 줄 다른 갱부들이 오기를 고대하고 있는 사람에게 생기를 주는 희망과 비교해 보았습니다. 시인은 성자여야 합니다"라고 하였다.

독자들에게 희망의 메시지를 주는 시야말로 현대시가 추구

하는 방향이다. 그래서 시가 정신적으로나 육체적으로 피폐해 있는 사람들을 한편의 시로 치유하는 시치료에 까지 이르게 되었다.

칼릴 지브란은

"언어를 살려놓는 수단은 시인의 심성과, 그의 입술과 그의 손가락들 사이에 존재한다. 시인이란 창조적인 힘과 사람들 사이를 연결하는 중개자이다. 그는 영혼의 세계에 대한 소식을 연구의 세계로 전달하는 전보이다. 시인은 그가 가는 곳이라면 어디라도 따라 가는 언어의 아버지요 어머니이다. 그가 죽으면 언어는 뒤에 남아 그의 무덤 위에 몸을 던지고는 다른 어떤 시인이 와서 일으켜 세워 줄 때까지 슬피 흐느껴 운다"고 했다.

여기서 말한 "다른 어떤 시인이 와서 일으켜 세워 줄 때까지 슬피 흐느껴 운다"고 말한 다른 어떤 시인이란 그가 노래한 시와 茶의 대상일 수 있겠다.

如蘭 시인은 시에 대한 정열적인 마음을 소유한 상태임을 알 수 있으며, 그의 시편에는 21세기 문명 속에서 현대인이 느끼는 고독과 만남 그리고 茶香으로 이어지는 삶의 흐름이 내포되어 있다.

## Ⅱ. 제목에 숨겨진 비밀들

아래의 제목들은 如蘭 시인이 남긴 시(詩) 제목들의 일부이다.

찻잔에 피어난 천년향, 생각의 파노라마, 사랑은 메아리 되어, 茶의 미학, 무궁화의 숭고함, 행복한 순간, 가야금의 아름다움, 대금의 향연, 65주년 광복절, 금정산의 茶香, 나의 어머니, 우리가족, 나의 하느님, 시간의 여유, 여름 비, 하늘, 차문화 치료사와 봉사의 삶, 시간을 보낸다,

장애 극복 가정 및 모범자녀 장학금 전달식 날, 서울시인대학 가는 날, 미소, 지리산 오죽헌, 봄이 오면, 꽃을 부른다, 소풍, 열대야, 그리움, 꽃의 신음, 낭만, 감성, 바다, 열대야, 친구, 미소, 붉은 하늘, 입추...

찻잔에 피어난 천년향이 생각의 파노라마를 거쳐 삶에서 뿌려지고 생각에서 피어나는 모습들과 가야금과 대금에서 들려오는 시어들은 아름다움의 극치를 이룬다.

또한, "나의 어머니, 우리가족, 차문화 치료사와 봉사의 삶"으로 이어지는 시어들은 Hyper Text 장르를 꾸미고 있어 현대문학의 흐름을 알 수 있다.

"봄이 오면, 꽃을 부른다, 소풍, 열대야, 그리움, 꽃의 신음, 낭만, 감성, 바다, 열대야, 친구, 미소, 붉은 하늘, 입추"로 Link 되는 시어들은 한편의 서사시로 이어지고 있다.

시인이 가지고 시에 대한 한 가지 해법(解法)은 영(靈)과 혼(魂)과 한(恨)이 서리서리 엉켜 있는 현실을 번뜩이는 생각과 깊숙한 관조로 시심(詩心)을 유발하였다는 것이다.

如蘭 시인이 가꾸고 있는 시는 가족과 사람들에게서, 茶와 茶香에서, 가야금과 대금에서, 무궁화를 비롯해서 모든 꽃에서 자라고 있다. 이곳에는 현실세계에서 그렇게도 소망한 열매가 포도송이처럼 주렁주렁 매달려 있다.

시인의 삶 속에서 큰 비중을 차지하고 있는 것 중의 하나는 인간 그 자체에 대한 신뢰이고 그것을 매개하는 도구는 시이다.

## Ⅲ. 시를 통한 외침

如蘭 시인의 시에는 가족애와 민족애, 茶와 봉사, 시간과 자연에 대한 애절한 그리움이 숨겨져 있다. 또한, 기다림의 미학(美學)으로 엮어낸 시어들은 결이 가늘고 고운 색채로 표현하고 있다.

대상을 바라보는 깊이 있는 시선과 관조에 의해 일상적 차원의 소망 속에 깃든 진실의 의미가 두터워지고 있음을 알 수 있다.

위고는 "진정한 시인은 자기 자신의 소질에게 생기는 사상과 영원한 진리에서 오는 사상 외에 그 시대의 온갖 사상의 총체를 포함하지 않으면 안 된다"고 하였다.

인간의 감수성은 시대에 따라 새로움을 찾아 진보적으로 변하고 있는데 사상의 총체를 강조한 위고의 말에서 현대시의 해답을 찾을 수가 있다.

시를 통하여 시인이 꿈꾸고 있는 세계를 살펴보자.

고차수(古茶樹) 아기 찻잎에
가랑비로 입맞춤 하던 날

한 땀 한 땀
고이 접어 잠재우니

새벽으로 빚어낸 영혼이
자줏빛 붕어배래 타고 올라온다

가늘게 드리워진 란(蘭)카락에
목마름으로 일어난 금빛 붕어

오십이년 손길로 만들어낸 그리움
빨간 입술에서 천년향으로 피어난다.

〈찻잔에 피어난 천년향〉 전문

如蘭 시인의 시(詩)에는 혜안으로 보는 통찰력의 깊이와 넓이가 남다르게 나타나고 있다.

『찻잔에 피어난 천년향』의 셋째 연 "새벽으로 빚어낸 영혼이/ 자줏빛 붕어배래 타고 올라온다"와 넷째 연 "가늘게 드리워진 란(蘭)카락에/ 목마름으로 일어난 금빛 붕어"의 시어는 많은 체험과 경륜에서 묻어난 표현이다.

찻잔에서부터 시작된 향기가 한복의 붕어배래 타고 코끝으로 올라오는 모습을 상상해 보라. 길게 드리워진 란을 란(蘭)카락으로 표현한 것과 금빛붕어를 의인화하여 차에 목마른 상황을 맛스럽게 나타내고 있다.

고독과 허무로 가득한 보이지 않고 잡히지 않는 현실 세계를 "오십이년 손길로 만들어낸 그리움/ 빨간 입술에서 천년향으로 피어난다" 로 표현하여 만리까지 퍼질듯한 향이 가슴으로 스며들고 있다.

아기 찻잎으로 시작된 생을 통하여 미와 맛과 향의 감각을 표현하고 있으며, 시인이 꿈꾸는 茶香을 혼자서 누리고자 하는 집착에서 벗어나 만인에게도 동시에 천년향으로 피어나기를 원하고 있으며, 더 나아가서는 모두에게 선물하고 싶은 소망을 담고 있다. Hyper Text 장르의 리듬과 운율 그리고 함축의 표현이 독특하며, 茶香의 깊은 여운이 남는다.

사람아
사랑아
100년을 노래하자

연분홍 비단 입고
도시를 거닐어 보자

빌딩 숲에서
메아리를 불러보자

무지개 만들어서
나비 되어 벌이 되어
사랑을 나누자.

〈사랑은 메아리 되어〉 전문

『사랑은 메아리 되어』의 둘째 연과 셋째 연 "연분홍 비단 입고/ 도시를 거닐어 보자/ 빌딩 숲에서/ 메아리를 불러보자"에서는 메마른 도시를 사랑으로 채색하고 싶은 애절한 마음을 나타내고 있으며, 내면 가득히 담고 있는 열정을 거침없이 표현하고 있다. 사랑의 종류와 주고받는 잣대에 의하지 않더라도 사랑을 찾고 원하는 시인의 간절함이 그대로 묘사되고 있다.

"그런즉 믿음, 소망, 사랑 이 세 가지는 항상 있을 것인데 그 중의 제일은 사랑이라"는 성경말씀처럼 인간이 누리고 있는 특권 중의 하나는 하나님이 주신 사랑이다. 성경을 한 단어로 압축하여 표현한다면 "사랑"으로 표현한 것처럼 우리는 원수까지도 사랑하며 살아야 할 존재들이다.

피지 않는 꽃에서
향기를 느끼고
맺히지 않는
열매를 맛을 본다

울지 않아도
슬픔을 느끼고
웃지 않아도
기쁨이 용솟음친다

말하지 않아도
마음을 알고
만나지 못한
그 사람의 온화함을 느낀다

연주하지 않는 피아노에서
베토벤 소나타가 흘러나오고
끝나지 않는 게임에서
승리의 함성이 들린다.

〈생각의 파노라마〉 전문

『생각의 파노라마』의 첫째 연 "피지 않는 꽃에서/ 향기를 느끼고/ 맺히지 않는/ 열매를 맛을 본다"와 넷째 연 "연주하지 않는 피아노에서/ 베토벤 소나타가 흘러나오고"에서는 영혼으로 보는 눈과 생각을 마음껏 발휘하고 있음을 알 수 있다.

다양한 경험을 통한 순수한 의지와 열정이 공간적, 시간적, 색상적 개념으로 숨 쉬고 있음을 알 수 있다.

기존 시의 선형성(線形性), 고정성, 유한성의 제약에서 벗어날 수 있는 시의 과학화이며, 시대적 흐름에 의한 성장을 표현한 Hyper Text 장르의 시적인 표현을 부드러우면서도 섬세하게 나타내었다. 또한 날카로운 관념과 Metaphor를 능숙하게 표현하고 있다.

곱디 고운 나의 어머니
벌써 고희(古稀)를 넘기신지 여러해 되었네
봄이 오면 진달래 피듯이
나의 어머니도 한 청춘의
세월이 흘러 자화상의
얼룩진 주름이 가득하네
자나 깨나 큰 딸 걱정에
애달아하시는 나의 어머니
한 평생 효도 한번 못하고
살아온 나에게
아직도 지극 정성으로 사랑 해준
나의 어머니
어머니가 있었기에 이 딸은
당당하게 살아갈 수 있었고
이 세상 숨 쉬고 대 자연의 섭리를 느낄 수 있습니다

나의 어머니 존경합니다
고맙습니다 사랑합니다
오래 오래 건강하게 사시옵소서.

〈나의 어머니〉 전문

세상의 어머니들에겐 자식들이 갖지 못한 고통의 용광로를 가지고 있다. 또한 자식들이 알 수 없는 눈물을 소유하고 있다. 어머니들에겐 자식들이 알지 못하는 강철보다 강한 힘과 고래 힘줄보다 끈질긴 한이 손가락 수만큼 서려있다.

우리들의 어머니는 우리가 누렸던 정신적, 물질적인 풍요와 자유를 누리지는 못했다. 『나의 어머니』에서 "세월이 흘러 자화상의/ 얼룩진 주름이 가득하네/ 자나 깨나 큰 딸 걱정에/애달아하시는 나의 어머니/ 한 평생 효도 한번 못하고/ 살아온 나에게/ 아직도 지극 정성으로 사랑 해준/ 나의 어머니" 는 지극히 평범하면서도 일상적인 시어지만 가슴을 울리는 감동이 느껴진다.

얼굴 한번 보고 또는, 얼굴도 보지 못한 채 부모님께서 맺어준 인연으로 순종 하나만으로 오직 가정과 자식들을 위하여 당신의 이름을 묻어두셨던 이 땅의 모든 어머님들의 만수무강과 형통하심을 기도합니다.

가야금 12줄의 아리랑 연주는
오가는 길손의 발길을 멈추네
우리 민족의 한이 서린 아리랑의
구슬픈 음율은 소리 없는 애환이 되어
나의 茶香의 쉼터로 몰려오게 하네

한 줄을 튕기며 한 민족을 느끼고
두 줄을  튕기며 소리 없는 메아리가 되어
모두가 한 마음으로 변하여
백의민족의 혼을 느끼네

아! 구슬픈 12줄의 가야금이여
아! 한 많은 우리 민족의 아리랑이여
한음율을 들을때마다
아리랑 민요의 빠져드는 그 이름 가야금이여

우리 민요 아리랑이여
길손들의 가슴속에 파고드는
심장의 고동소리여
삼라만상의 모든 잡념 사라지고
살며시 눈을 감는다.

〈가야금의 아름다움〉 전문

지공 6구명의 6관청 5관청 4관청
소리의 고저장단의 음율은
심장의 파고드는 향기 없는 꽃이여

청산의 말없이 홀로 앉아 부는
소리의 애잔함은 낙숫물 떨어지는
빗물처럼 내 마음조차도 새 하얀 눈꽃이 되어
천사들의 음성이 메아리로 느껴지네

대금의 아름다움이 온 세상 진동하며
산자락의 개울물 소리도
구슬픈 대금 소리의 여운은
내 마음 깊은 속까지 파고들어
한없는 세월의 아픔이 주마등처럼 스칠 때면
한 폭의 한국화 였었네.

〈대금의 향연〉 전문

대한민국을 상징하는 아름다운 꽃이여
해마다 오월이면 피어나는 꽃술
일제를 찌르는 혀다
자태를 뽐내며 삼라만상의 축복을 내리고
온 국민의 여망을 담아
활짝 웃는 우리 대한의 꽃이여
해마다 8.15 광복절의 소중함과 일제 강점기의
아픔을 느낄 수 있고
애국심을 느끼게 내면의 살며시
다가와 속삭여 주네
빛의 꽃망울에 소리 없는
아픔은 나의 가슴에
애국심를 불어 넣어 주네.

〈무궁화의 숭고함〉 전문

『가야금의 아름다움』에서 “한 줄을 튕기며 한 민족을 느끼고/ 두 줄을 튕기며 소리 없는 메아리가 되어/ 모두가 한 마음으로 변하여/ 백의민족의 혼을 느끼네// 우리 민요 아리랑이여/ 길손들의 가슴속에 파고드는/ 심장의 고동소리여/ 삼라만상의 모든 잡념 사라지고/ 살며시 눈을 감는다”와

『대금의 향연』에서 “지공 6구멍의 6관청 5관청 4관청/ 소리의 고저장단의 음율은/ 심장의 파고드는 향기 없는 꽃이여// 청산의 말없이 홀로 앉아 부는/ 소리의 애잔함은 낙숫물 떨어지는/ 빗물처럼 내 마음조차도 새 하얀 눈꽃이 되어/ 천사들의 음성이 메아리로 느껴지네”와

『무궁화의 숭고함』에서 “해마다 오월이면 피어나는 꽃술/ 일제를 찌르는 혀다// 빛의 꽃망울에 소리 없는/ 아픔은 나의 가슴에/ 애국심를 불어 넣어 주네” 등은 꿈을 노래하고 내일에 대한 Vision을 품고 있으며, 시가 주는 메시지에 깊은 철학이 숨어 있음을 알 수 있다.

## Ⅳ. 맺으며/ 바다로, 세상으로

如蘭 시인의 시는 각 시(詩)마다의 Link로 되어 있어 Hyper-Text적인 맛을 풍기고 있다. 이런 Link의 의미를 음미하면서 시를 접한다면 시인이 느끼는 간절한 시에 대한 사랑과 그리움에 젖어들 것이다.

시의 기교에 있어서도 뛰어난 솜씨를 보여주고 있다. 날카로운 관념과 Metaphor가 살아 있으며, 사실적이면서도 세련된 표현으로 찻잔에 피어난 千年 茶香을 피워내고자 노력하였다.

시에 대한 집념과 애정, 갈등, 아픔 등을 통하여 피워낸 가시

없는 꽃은 시인만이 가지고 있는 특허이다. 이 꽃은 삶의 초월적인 진리나 논리가 방대한 구호 속에 있는 것이 아니라 현실의 거친 파도의 벽을 기다림의 미학(美學)으로 풀어내고 있다.

작고도 소박한 삶에 대한 애정은 순수한 믿음으로 연결되어 있으며, 믿음 또한 내일에 대한 확고한 신념으로 자라고 있다.

링컨은 "미래가 좋은 것은 그것이 하루하루씩 다가오기 때문이다"라고 했다. 다가오는 풍성한 미래를 위하여 오늘을 살찌우는 포도송이가 되어야 한다.

"남이 나와 마찬가지로 잘할 수 있었을 일이라면 하지 말고 남이 나와 같이 훌륭히 말할 수 있었을 것이라면 말하지 말며, 나와 마찬가지로 남이 쓸 수 있는 것은 쓰지 말라하는 앙드레 지드의 충고"가 아니더라도 시의 창조자로서, 사색자로서의 태도를 갖고 독특한 시의 색깔을 찾는 것이 시인의 길이다.

앞으로 더욱 열심히 시어의 발견과 체험을 통하여 삶이 시로 채워지기를 기대하며, 시를 창작하는 열정이 항상 마음속의 불꽃이 되어 세상을 비추고 주옥같은 시를 토해내어 깊은 시의 세계에 유영하길 바란다.